# BEI GRIN MACHT SICH IHR WISSEN BEZAHLT

AF153599

- Wir veröffentlichen Ihre Hausarbeit,
  Bachelor- und Masterarbeit

- Ihr eigenes eBook und Buch -
  weltweit in allen wichtigen Shops

- Verdienen Sie an jedem Verkauf

Jetzt bei www.GRIN.com hochladen
und kostenlos publizieren

# Trainingsplanung für einen Trainingsbeginner mit 6 Wochen Erfahrung

GRIN ☺

**Bibliografische Information der Deutschen Nationalbibliothek:**

Die Deutsche Nationalbibliothek verzeichnet diese Publikation in der Deutschen Nationalbibliografie; detaillierte bibliografische Daten sind im Internet über http://dnb.d-nb.de abrufbar.

ISBN: 9783389023891
Dieses Buch ist auch als E-Book erhältlich.

© GRIN Publishing GmbH
Trappentreustraße 1
80339 München

Alle Rechte vorbehalten

Druck und Bindung: Books on Demand GmbH, Norderstedt Germany
Gedruckt auf säurefreiem Papier aus verantwortungsvollen Quellen

Das vorliegende Werk wurde sorgfältig erarbeitet. Dennoch übernehmen Autoren und Verlag für die Richtigkeit von Angaben, Hinweisen, Links und Ratschlägen sowie eventuelle Druckfehler keine Haftung.

Das Buch bei GRIN: https://www.grin.com/document/1473115

# Hausarbeit

| Studiengang | Bachelor of Arts Gesundheitsmanagment |
|---|---|
| Studienmodul | Trainingslehre 1 |
| Termin Lehrveranstaltung (siehe Ergebnisdokumentation) | 05.02.2024-08.02.2024 |
| Aufgabe | Hausarbeit |

# Inhaltsverzeichnis

# 1   Teilaufgabe 1- Diagnose

Die folgende Hausarbeit konzentriert sich hauptsächlich darauf, einen individuell ange-
passten Trainingsplan für einen Teilnehmer zu erstellen, der erst eine sechswöchige Ein-
gewöhnungs- oder Orientierungsphase für das Krafttraining durchlaufen hat.

Im ersten Schritt findet mit dem Teilnehmer ein Anamnesegespräch statt, in dem die we-
sentlichen Informationen besprochen werden, wie etwa Angaben zu beruflichen und
sportlichen Aktivitäten, dem Zeitrahmen, körperlichen Beschwerden, biometrischen Daten und seinen Vorstellungen. Je spezifischer und allgemeiner medizinischer Datensatz
in der Diagnose enthalten ist, desto effektiver ist die Erstellung des Trainingsplans (Olivier et al., 2008, S. 55 ff.).

## 1.1   Allgemeine und biometrische Daten

Tabelle 1: Allgemeine und biometrische Daten (eigene Darstellung)

| Parameter | Daten | Normwerte | Bewertung |
|---|---|---|---|
| Alter (in Jahren) | 23 | | |
| Geschlecht | Männlich | | |
| Körpergröße (in cm) | 187,4 (gemessen in einer Bio-Impe-danzanalyse) | | |
| Körpergewicht (in kg) | 93,65 (gemessen in einer Bio-Impe-danzanalyse | | |
| BMI (Body-Mass-In-dex) | 26,7 (gemessen in einer Bio-Impe-danzanalyse) | Normalgewicht 18,5-24,9 Übergewicht 25,0-29,9(gemessen in einer Bio-Impe-danzanalyse) | Der Teilnehmer be-findet sich im Bereich „Übergewichtig". |
| Körperfett (in %) | 26,6 (gemessen in einer Bio-Impe-danzanalyse) | Normale Körperfett-werte (in %) 6,3-21,8% (laut Messung der Bio-Impedanzana-lyse) | Der Teilnehmer weist im Vergleich zu an-deren Teilnehmern seines Alters eine er-höhte Fettmasse auf. |
| Muskelmasse (in kg) | 34,33 (gemessen in einer Bio-Impe-danzanalyse) | Normal Muskel-masse 32.02-35.13 Optimale Muskel-masse 35.13-38.24 Und darüber hinaus (Muskelmasse rech-net sich mit anderen Probanden im selben Alter (gemessen in einer Bioimpe-danzanalyse) | Die Muskelmasse des Teilnehmers ent-spricht dem alters-spezifischen Durch-schnitt. |

| Trainingsmotive | Muskelaufbau Fettreduzierung Allgemein fitter werden. | | Der Teilnehmer möchte gerne Muskeln aufbauen und etwas Fett verlieren. Gleichzeitig erwünscht er sich allgemein fitter zu werden. |
|---|---|---|---|
| Berufliche Tätigkeit | Verkäufer im Einzelhandel meist stehend und laufend | | |
| Aktuelle sportliche Aktivitäten | Seit 6 Wochen Krafttraining Zweimal pro Woche 90 Minuten | | |
| Frühere sportliche Aktivitäten | In der Berufsschule Schulsport Seitdem keine Sportliche Aktivität mehr | | |
| Zeitlicher Verfügungsrahmen | Zweimal die Woche 60-90 Minuten | | Voll belastbar |
| Orthopädische Probleme | Zum derzeitigen Zeitpunkt keine | | Voll belastbar |
| Internistische Probleme | Zum derzeitigen Zeitpunkt keine | | Voll belastbar |
| Ärztliche Behandlungen | Zum derzeitigen Zeitpunkt keine | | Voll belastbar |
| Einnahme von Medikamenten | Zum derzeitigen Zeitpunkt keine | | Voll belastbar |
| Sonstige Einschränkungen | Zum derzeitigen Zeitpunkt keine | | Voll belastbar |

Tabelle 2: Allgemeine und biometrische Daten- Blutdruck (eigene Darstellung)

| Parameter | Daten | Normwerte | Bewertung |
|---|---|---|---|
| Blutdruck (in mmHg) | 125-87 mmHg | Optimaler Blutdruck 120-80mmHg Normaler Blutdruck 120-129mmHg Systolisch 80-84 mmHg (Neuhauser & Sarganas 2015) | Der Teilnehmer weist einen normalen Blut-Druck auf. |

Der Teilnehmer hat zum derzeitigen Zeitpunkt keine gesundheitlichen oder andertweitige Beschwerden und kann somit das Training beginnen.

## 1.2 Krafttestung

Im weiteren Verlauf des Kapitels wird auf die weitere Methodik bezüglich des weiteren Testverfahrens und der gewählten Krafttestmethode eingegangen.

### 1.2.1 Begründung des Testverfahrens

Aufgrund dessen, dass der Teilnehmer eine sechswöchige Orientierung/Eingewöhnungs-phase besitzt ist ersichtlich, dass dieser in der ersten Trainingsphase rein über das subjektive Belastungsempfinden trainiert hat (vgl. Eifler 2013b). Herausnehmend aus der Information lässt er sich in das Grobraster für die weitere Trainingsplanung der ILB-Methode als „Beginner'' einstufen (vgl. Eifler 2013b). Die ILB-Methode unter Voraussetzung zusammen mit dem X-RM Test besitzt unter anderem den Vorteil, dass dieser gelenkschonender und das Verletzungsrisiko im Gegensatz zu der 1-RM Testung gemindert ist. Durch die Eingliederung in das Grobraster der ILB-Methode und des nachfolgenden X-RM-Tests können somit die Intensitäten für die weitere Trainingsplanung erstellt werden (vgl. Eifler 2013b).

### 1.2.2 Beschreibung des Testverlaufs

Der Teilnehmer wärmt sich fünf Minuten auf einem Ergometer seiner Wahl auf, bei einer Belastungsfrequenz von 60% der theoretischen HF. (vgl. Eifler, 2017, S. 104–105). An jedem Gerät wird ein spezifischer Aufwärmsatz mit 50% des im ersten Testsatz aufgelegten Gewicht bei vorgegebener Wiederholungsanzahl vollzogen (vgl. Eifler, 2017, S. 104–105). Zwischen jeden einzelnen Test sollte eine Pause von drei bis fünf Minuten erfolgen um eine Ermüdung zu vermeiden. (vgl. Eifler, 2017, S. 104–105). Hierbei sollten die angestrebten Sätze höchstens drei betragen (vgl. Eifler, 2017, S. 104–105). Dieser Test wird nun für jede Übung durchgeführt, dabei hat der Trainer die Möglichkeit die Bewegungsabläufe des Teilnehmers zu optimieren und Haltungsfehler zu korrigieren bei Bedarf. Ebenso sollte der Teilnehmer an diesem Tag noch keinen Sport nachgegangen sein (vgl. Bönning 2002).

### 1.2.3 Mehrwiederholungstest X-RM

Tabelle 3: Krafttest (eigene Darstellung)

| Übung | Wiederholun-gen | 1.Testsatz | 2.Testsatz | 3.Testsatz | Ergebnis |
|---|---|---|---|---|---|
| Beinpresse horizontal-Maschine im Sitzen | 20 | 40kg | 50kg | 45kg | 45kg |
| Beinbeuger-Maschine im Sitzen | 20 | 20kg | 30kg | 25kg | 25kg |
| Beinstrecker-Maschine im Sitzen | 20 | 20kg | 30kg | 25kg | 25kg |

| Übung | Wiederholungen | 1.Testsatz | 2.Testsatz | 3.Testsatz | Ergebnis |
|---|---|---|---|---|---|
| Latzug vertikal Maschine im Sitzen | 20 | 15kg | 25kg | 20kg | 20kg |
| Rudern eng-Maschine im Sitzen | 20 | 10kg | 20kg | 15kg | 15kg |
| Brustpresse-Maschine im Sitzen | 20 | 15kg | 25kg | 20kg | 20kg |
| Schulter-presse-Maschine im Sitzen | 20 | 5kg | 10kg | x | 10kg |
| Bauch-Maschine im Sitzen | 20 | 20kg | 30kg | 35kg | 35kg |
| Rückenstrecker im Sitzen | 20 | 40kg | 50kg | 45kg | 45kg |

## 1.2.4 Mögliche Schlussfolgerung oder Konsequenzen

Aufgrund der variierenden Gewichte der Geräte, die von verschiedenen Herstellern sein können, besteht nicht die Möglichkeit einer Norm oder Referenzwertvergleichs. Aus den resultierenden Ergebnissen lassen sich nun die weiteren Trainingsintensitäten nach der ILB-Methode bestimmen (vgl. Eifler 2013b).

# 2 Teilaufgabe 2 Zielsetzung und Prognose

Im Rahmen des vorangegangenen Diagnosegesprächs brachte der Teilnehmer einige Beweggründe für das Training zum Ausdruck. Diese wurden nun in realistisch erreichbare Ziele umgewandelt. Im Folgenden werden die konkreten Ziele des Teilnehmers in der folgenden Tabelle dargestellt.

Tabelle 4: Ziele (eigene Darstellung)

| Ziel | Ist-Wert | Normwerte | Ausmaß | Zeit |
|---|---|---|---|---|
| 1.Erste Ergebnisse bemerken | / | / | Verbesserung X-RM Testverfahren | 8Wochen |
| 2.Muskelmasse erhöhen | 34,33kg (gemessen in einer Bio-Impedanzanalyse) | Normal Muskelmasse 32.02kg-35.13kg | +3kg aufbauen | 6Monate |

| Ziel | Ist-Wert | Normwerte | Ausmaß | Zeit |
|---|---|---|---|---|
| | | Optimale Muskel-masse 35.13kg- 38.24kg Und darüber hinaus (Muskelmasse rech-net sich mit anderen Probanden im selben Alter (gemessen in einer Bioimpe- danzanalyse) | | |
| 3.Fettwerte reduzieren | 26,6% (ge- messen in ei- ner Bio-Impe- danzanalyse) | Normale Kör- perfettwerte (in %) 6,3- 21,8% (laut Messung der Bio-Impe- danzanalyse) | -5%g | 6Monate |

Die zuvor dargelegten Zielsetzungen des Teilnehmers wurden gemäß ihrer Priorität ge-ordnet. Das primäre Ziel besteht darin, den Teilnehmern seine anfänglichen Ergebnisse aufzuzeigen und einer Demotivation vorzubeugen. In den ersten acht Wochen wird haupt-sächlich im Bereich (Kraftausdauer) trainiert. Nach den acht Wochen beginnt ein neuer Zyklus und es müssen erneut die Krafttests durchgeführt werden. Spätestens dann sieht der Teilnehmer anhand dessen eine Steigerung seiner Kraft und bemerkt die ersten Er-gebnisse. Gerade bei Trainings Beginnern zeigen sich am Anfang relativ schnell Ergeb-nisse. Gleichzeitig wird mit den beiden anderen Zielen eine langfristige Veränderung an-gestrebt. Die beiden Ziele (Fettwerte reduzieren & Muskelmasse erhöhen) laufen parallel zueinander ab, da durch die erhöhte Wiederholungsanzahl im ersten Mesozyklus die Fett-verbrennung angekurbelt wird und gleichzeitig eine Steigung der Muskelmasse stattfin-det. Dadurch dass den beiden letzten Zielen mehr Zeit angerechnet wurde, und in den anderen Mesozyklen unter anderem auch noch Muskelaufbau und Maximalkrafttraining vorkommt, ist dies als realistisch absehbar. Der realistische Zuwachs an Muskelmasse beträgt bei normaler Genetik ca. 5-8kg im ersten Trainingsjahr und die Senkung eines erhöhten Körperfettanteils bei 250-500g pro Woche.

# 3 Teilaufgabe 3 Trainingsplanung Makrozyklus

Die Wahl der ILB-Methode erfolgte zur Generierung des Makrozyklus.

Gemäß den Arbeiten von Eifler (2000, 2013) und Zimmer (1999) werden im Folgenden auch die nachfolgenden Trainingsintensitäten dokumentiert.

Der Teilnehmer kann aufgrund seiner sechswöchigen Phase der Orientierung und Eingewöhnung in die Leistungsstufe „Beginner" des Grobrasters nach der ILB-Methode eingestuft werden.

## 3.1 Makrozyklusplanung

Tabelle 5: Makrozyklus (eigene Darstellung)

| Trainings Beginner (Grobraster ILB) | Mesozyklus 1 | Mesozyklus 2 | Mesozyklus 3 | Mesozyklus 4 |
|---|---|---|---|---|
| Dauer in Wochen | 8 | 6 | 8 | 8 |
| Trainingsziel | Kraftausdauer | Übergangstraining | Muskelaufbautraining | Maximalkrafttraining |
| Einheiten pro Woche | 2 | 2 | 2 | 2 |
| Organisationsform | GK/Station | GK/Station | GK/Station | GK/Station |
| Übungen pro Muskelgruppe | 1-2 | 1-2 | 1-2 | 1-2 |
| Sätze pro Übung | 2 | 2 | 2 | 2 |
| Satzpausen | 45 Sekunden | 45 Sekunden | 60 Sekunden | 90 Sekunden |
| Wiederholungen | 20 Wiederholungen | 15 Wiederholungen | 10 Wiederholungen | 5 Wiederholungen |
| Intensität in % ILB | 50%-70% ILB | 50%-70% ILB | 50%-70% ILB | 50%-70& ILB |
| Bewegungstempo TuT | 2/0/2 80Sekunden | 2/0/2 60Sekunden | 2/0/2 40Sekunden | 2/0/2 20Sekunden |

## 3.2 Begründung zum Makrozyklus

### 3.2.1 Begründung der gewählten Trainingsmethode

Auf der Grundlage des Grobrasters der ILB-Methode und seiner Erfahrungen aus der sechswöchigen Orientierungsphase kann der Teilnehmer in das Raster „Beginner" eingestuft werden. Um die Bewegungsabläufe schon einmal kennenzulernen, trainierte der Teilnehmer in seiner Orientierungsphase eher nach dem subjektiven Belastungsempfinden und eher unkontrolliert (vgl. Eifler 2013b).

8

### 3.2.2 Begründung der Belastungsparameter

Dadurch dass der Teilnehmer in seinen zeitlichen Verfügungsrahmen angegeben hat das er zwei Mal in der Woche je 90 Minuten trainiert, wurden die Einheiten pro Woche an die Organisationsform angepasst. Laut einer Studie von Wirth,Aatzor und Schmidtbleicher(2007) konnte unter anderem festgestellt werden dass bei einem Krafttraining mit dem Ziel Muskeln aufzubauen sogar lediglich eine Einheit pro Woche zu einer Vermehrung der Muskelmasse führen kann. Unter anderem empfiehlt es sich eine Muskelgruppe mindestens zweimal pro Woche zu trainieren um einen trainingswirksamen Reiz auszulösen. Darunter muss aber auch eine ausreichende Regenerationszeit liegen (Bishop, Jones & Woods, 2008; Jones, Bishop, Richardson & Smith, 2006). Die Intensitäten richten sich nach dem Grobraster ILB (vgl. Eifler 2013b). Diese sollten jedoch mindestens 50% betragen um den Muskeln genügend Reize zum Wachsen zu geben (vgl. Güllich, A. & Schmidtbleicher, D. (1999). Bei der speziellen ILB-Methode wird im Unterschied zu klassischen Trainingsmethoden die Wiederholungsanzahl erhöht. Trotz dieser Erhöhung der Wiederholungen kommt zu einer neuromuskulären Veränderung im Muskelbereich (Fukunaga, 1976; Komi, 1986; Mac Dougall, Elder, Sale, Moroz & Sutton, 1980; Pette, 1999).

### 3.2.3 Begründung der Organisationsform

Als Organisationsform wurde für den Teilnehmer unter Berücksichtigung seiner sechswöchigen Orientierungsphase, das Ganzkörpertraining an Stationen ausgewählt. Aufgrund der Ziele des Teilnehmers, eignet sich das Stationraining vor allem dazu die Kraftausdauer einzelner Muskelgruppen anzusprechen. Hierbei wird das Training mit allen vorgegebenen Sätzen hintereinander durchgeführt (vgl. Heiduk 2013).

### 3.2.4 Begründung der Periodisierung

Für den Teilnehmer ist ein Makrozyklus mit einer Dauer von 30 Wochen geplant. Dabei wird von einer linearen Periodisierung gesprochen, da sich die Wiederholungszahlen von einem Mesozyklus zum nächsten verringern und die Intensität erhöht wird (Fröhlich, Müller, Schmidtbleicher & Emrich, 2009; Kraemer & Fleck, 2007). Diese Form der Periodisierung gewährleistet, dass die Muskulatur des Teilnehmers einer Vielzahl von unterschiedlichen Reizen ausgesetzt wird. Der Makrozyklus beginnt mit einem Muskelausdauertraining. Dies wurde ausgewählt, um dem Teilnehmer, der noch keine Erfahrung im

Training hat, einen sanften Einstieg zu ermöglichen. Gleichzeitig wird die Ermüdungsresistenz der Muskulatur trainiert und kardiovaskuläre Anpassungen werden angeregt. Der Muskelausdauerzyklus dauert acht Wochen. Zwischen dem Muskelausdauer- und dem Muskelaufbauzyklus gibt es eine Übergangsphase, in der sich der Teilnehmer an die reduzierte Anzahl von Wiederholungen und die erhöhte Intensität gewöhnen kann. Die Übergangsphase erstreckt sich über einen Zeitraum von sechs Wochen. An-schließend folgt der achtwöchige Zyklus für den Muskelaufbau. Das Hauptziel dieses Zyklus ist es, den Muskelaufbau des Teilnehmers voranzutreiben. Der letzte Mesozyklus ist das Maximalkrafttraining, bei dem die Intensität am höchsten ist. Durch die hohen Intensitäten werden die Muskeln dazu gezwungen, sich neuromuskulär anzupassen. Im Bereich des Gesundheits- und Rehabilitationssports wird das Maximalkrafttraining da-her als neuromuskuläres Training bezeichnet (vgl. Fröböse, Nellessen & Wilke, 2003).

# 4 Teilaufgabe 4 Trainingsplanung Mesozyklus

## 4.1 Mesozyklusplanung

Tabelle 6: Mesozyklus (Kraftausdauer, eigene Darstellung)

| Zyklusdauer | 8-Wochen |
|---|---|
| Trainingsziel | Kraftausdauertraining |
| Trainingseinheiten pro Woche | 2 |
| Organisationsform | Ganzkörpertraining/Stationstraining |
| Übungen pro Muskel | 2 Übungen |
| Sätze Pro Übung | 2 Sätze |
| Satzpause | 45 Sekunden |
| Wiederholungen | 20 Wiederholungen |
| Intensitäten | 50%-70% |
| Bewegungstempo TuT | 2/0/2 (80 Sekunden) |

Tut=Time under Tension

## 4.2 Begründung zum Mesozyklus

Aufgrund der sechswöchigen Orientierungsphase des Teilnehmers ergibt sich wenig Erfahrung im Trainingsbereich. Um eine Überforderung zu verhindern werden bei der Übungsauswahl zum größten Teil mehrgelenkige Übungen ausgewählt die sich besser auf Bewegungsanforderungen im Alltag- und Berufsleben übertragen lassen (Hois &

Ziegner, 2006). Unter anderem trainiert der Teilnehmer vornehmend an Maschinen, was ihm die Möglichkeit gibt Bewegungsabläufe schneller zu erlernen und Fehlhaltungen zu vermeiden. Dadurch hebt sich unter anderem die eigene Motivation fürs weitere Training.

# 5 Teilaufgabe 5 Literaturrecherche

Im Rahmen dieser Aufgabe wurden zwei wissenschaftliche Primärstudien zum Thema „Effekte des Krafttrainings bei arterieller Hypertonie" recherchiert und zusammengefasst.

Tabelle 7: Literaturrecherche (eigene Darstellung)

|  | Studie 1 | Studie 2 |
|---|---|---|
| Titel der Studie | Auswirkungen verschiedener Trainingsarten (Ausdauer- vs. Krafttraining vs. Ausdauer-/Krafttraining) auf hämodynamische Parameter, Herzfrequenzvariabilität und arterielle Steifheit bei Bluthochdruck (vgl. Bickenbach 2011). | Kardiovaskuläre Effekte eines aeroben versus ein isometrisches Training bei arterieller Hypertonie (vgl. Vlatsas 2015) |
| Wer hat die Studie durchgeführt und wann wurde diese publiziert? | Anna Lena Bickenbach,2012 | Stergios Vlatsas,2015 |
| Welche Forschungsfrage wurde untersucht? | Wie wirkt sich Ausdauer-vs. Krafttraining und eine Kombination von Ausdauer und Krafttraining auf die systemische Hämodynamik, Gefäßelastizität und Herzfrequenz Variabilität bei Patienten mit arterieller Hypertonie aus? (vgl. Bickenbach 2011) | Wie lassen sich kardiovaskuläre Effekte von aerobem Training und isometrisches Faustschlusstraining vergleichen? (vgl. Vlatsas 2015) |
| Mit welchen Versuchspersonen wurde die Studie durchgeführt? | Die Studie wurde mit insgesamt 55 Patienten durchgeführt. Davon waren 42 männlich und 13 weiblich. Die Probanden weisen zuvor eine unbehandelte arterielle Hypertonie auf. (vgl. Bickenbach 2011). | Die Studie wurde mit 70 Patienten mit bekannter medikamentös behandelter arterieller Hypertonie oder einem Blutdruck von >140/90 mmHg ohne medikamentös behandelte arterielle Hypertonie nahmen an der Studie teil (vgl. Vlatsas 2015). |
| Wie sah der Versuchsaufbau der Studien aus? | Die Probanden wurden zuvor einer vollständigen medizinischen Untersuchung unterzogen. Danach wurden die Probanden in einer ET-, RT-, | Die Teilnehmer waren randomisiert in drei Gruppen unterteilt worden. Die erste Gruppe bestand aus 25 Teilnehmern, die ein isometrisches Training über einen |

|  | Studie 1 | Studie 2 |
|---|---|---|
|  | ET/RT und einer Kontrollgruppe randomisiert eingeteilt. Es wurde ein Trainingsprogramm welche drei betreuten Einheiten (30-60 Minuten) pro Woche über einen Zeitraum von 12 Wochen in einem spezialisierten Trainingszentrum beinhaltet, durchgeführt. (vgl. Bickenbach 2011) | Zeitraum von zwölf Wochen fünfmal wöchentlich absolvierten (Faustschlusskontraktionen mit 30% der maximalen Kraft). In der zweiten Gruppe mit 23 Teilnehmern wurde das gleiche Training wie in der ersten Gruppe durchgeführt, jedoch mit einem Placebo-Gerät (Kontraktionen mit einer maximalen Kraft von 5 %) durchgeführt. Es gab 22 Teilnehmer in der letzten Gruppe, die dazu ermutigt wurden, fünfmal pro Woche aerobes Ausdauertraining zu absolvieren. In allen drei Gruppen änderte sich die Medikation nicht (vgl. Vlatsas 2015). |
| Welche relevanten Ergebnisse und Schlussfolgerungen lieferten die Studien? | Die Parameter die folgen wurden anhand eines 24h EKGs der Marke Task Force Monitor 304i ® und Arterio TensioMed TM ausgewertet. Die gemessenen Werte sind durch alle drei Trainingsstrategien deutlich verbessert worden. Nach ET sank der Blutdruck um -3,30mmHg (2,35%), nach RT um -4,90mmHg (3,44%) und nach RT/ET um 5,80mmHg (4,18%). Unter anderem wurde keine Veränderung der arteriellen Versteifung und Herzfrequenzvariabilität festgestellt. Schlussfolgernd sollte festgestellt werden, dass Widerstands Training aufgrund hämodynamischer Parameter nicht weiter als bedrohlich für Bluthochdruckpatienten angesehen werden soll, sondern ein Bestandteil eines jeden Probanden sein sollte. (vgl. Bickenbach 2011) | Bei der ambulanten 24H-EKGS-Messung verringerten sich der systolische und der diastolische Blutdruck (systolisch von 129.1±10.4 mmHg auf 122.7±11.7, p = 0.008 und diastolisch von 79.5±8.9 auf 76.7±10.9, p = 0.009). Ein Abfall des peripheren Widerstands sowie eine Verbesserung der Elastik der kleinen und der großen Gefäße wurden ebenfalls gemessen. Das isometrische Training führte zu keiner signifikanten Verbesserung der Gefäßelastizität oder des ambulanten 24h-EKG. Zusammenfassend kann man sagen, dass das aerobe Training bei Hypertonikern die blutdrucksenkenden Effekte bestätigen kann, während das isometrische Faustschlusstraining keine signifikanten Auswirkungen auf den Blutdruck hat. (vgl. Vlatsas 2015) |

# 6 Literaturverzeichnis

Bickenbach AL (2012). *Auswirkungen von Ausdauer- vs. Krafttraining vs. Kombination von Ausdauer- und Krafttraining auf die systemische Hämodynamik, Gefäßelastizität sowie Herzfrequenzvaribilität bei Patienten mit arterieller Hypertonie.* Deutsche Sporthochschule Köln.

Bishop, P. A., Jones, E. & Woods, A. K. (2008). Recovery from resistance training: a brief review. Journal of Strength and Conditioning Research, 22 (3), 1015–1024.

Böning, D. (2002). Muskelkater. Deutsches Ärzteblatt, 99 (6), 372–375.

Eifler, C. (2000). Krafttraining nach der ILB-Methode – Eine empirische Überprüfung der Trainingseffekte bei Anfängern und Fortgeschrittenen. Diplomarbeit. Universität des Saarlandes, Saarbrücken

Eifler, C. (2017). Intensitätssteuerung im fitnessorientierten Krafttraining – Eine empirische Studie. Marburg: Tectum.

Eifler, Christoph (2013b): *Empirische Überprüfung der Effekte verschiedener Ansätze zur Intensitätssteuerung im fitnessorientierten Krafttraining*, Dissertation, Universität des Saarlandes, [online] https://publikationen.sulb.uni-saarland.de/bitstream/20.500.11880/23424/1/dissertation_eifler_211113.pdf.

Fröböse, I., Nellessen, G. & Wilke, C. (Hrsg.). (2003). Training in der Therapie. Grundlagen und Praxis (2. Aufl.). München: Urban & Fischer.

Fröhlich, M., Müller, T., Schmidtbleicher, D. & Emrich, E. (2009). Outcome-Effekte verschiedener Periodisierungsmodelle im Krafttraining. Deutsche Zeitschrift für Sportmedizin, 60 (10), 307–314

Güllich, A. & Schmidtbleicher, D. (1999). Struktur der Kraftfähigkeiten und ihrer Trainingsmethoden. Deutsche Zeitschrift für Sportmedizin, 50 (7/8), 223–234.

Heiduk, Robert (2013): Zirkel- und Stations-Training im Vergleich, Robert Heiduk Sportblog, [online] https://blog.eisenklinik.de/2013/04/19/zirkel-und-stations-training-im-vergleich/.

Hois, G. & Ziegner, A. (2006). Grundlagen des mehrgelenkigen Trainings in Theorie und Praxis. Bewegungstherapie und Gesundheitssport, 22, 18–25.

Jones, E. J., Bishop, P. A., Richardson, M. T. & Smith, J. F. (2006). Stability of a practical measure of recovery from resistance training. Journal of Strength and Conditioning Research, 20 (4), 756–759.

Neuhauser H., Sarganas G. (2015) Hoher Blutdruck: Ein Thema für alle. Hrsg. Robert Koch – Institut, Berlin GBE Kompakt 6(4) www.rki.de/gbe – Kompakt (Stand: 15.12.2015)

Olivier, N., Marschall, F. & Büsch, D. (2008). Grundlagen der Trainingswissenschaft und -lehre. Schorndorf: Hofmann.

Vlatsas, Stergios (2015): *Kardiovaskuläre Effekte eines aeroben versus eines isometrischen Trainings bei arterieller Hypertonie*, Dissertation, Medizinische Fakultät Charité–Universitätsmedizin Berlin.

Wirth, K., Aatzor, K. R. & Schmidtbleicher, D. (2007). Veränderungen der Muskelmasse in Abhängigkeit von Trainingshäufigkeit und Leistungsniveau. Deutsche Zeitschrift für Sportmedizin, 58 (6), 178–183.

Zimmer, M. (1999). Entwicklung und Erprobung eines Mehrwiederholungstests zur Erfassung der Kraftleistung im Fitneß-Training. Unveröffentlichte Diplomarbeit. Universität des Saarlandes, Saarbrücken

# 7    Tabellenverzeichnis

# BEI GRIN MACHT SICH IHR WISSEN BEZAHLT

- Wir veröffentlichen Ihre Hausarbeit,
  Bachelor- und Masterarbeit

- Ihr eigenes eBook und Buch -
  weltweit in allen wichtigen Shops

- Verdienen Sie an jedem Verkauf

## Jetzt bei www.GRIN.com hochladen und kostenlos publizieren